Guest
Book

IT'S A GIRL!

Pappel20

Pappel20

Pappel20

Pappel20

Pappel20

Pappel20

Pappel20

Pappel20

Pappel20

Pappel20

Pappel20

Pappel20

Pappel20

Pappel20

Pappel20

Pappel20

Pappel20

Pappel20

Pappel20

Pappel20

Pappel20

Pappel20

Pappel20

Pappel20

Pappel20

Pappel20

Pappel20

Pappel20

Pappel20

Pappel20

Pappel20

Pappel20

Pappel20

Pappel20

Pappel20

Pappel20

Pappel20

Pappel20

Pappel20

Pappel20

Pappel20

Pappel20

Pappel20

Pappel20

Pappel20

Pappel20

Pappel20

Pappel20

Pappel20

Pappel20

Pappel20

Pappel20

Pappel20